HELLIG

UFULDENDTE SERENADER

Et Agambensk nøgenbind

Kim Gørtz

HELLIG

UFULDENDTE SERENADER

Et Agambensk nøgenbind

2024

SAGARO REC & PUB

ISBN: 9788743058748

Forlag: BoD – Books on Demand, Hellerup, Danmark

Tryk: BoD – Books on Demand, Norderstedt, Tyskland

Hvad betyder det at 'forblive menneske'?
Betydningen af ordet menneske skal rulles så langt
tilbage, at spørgsmålets betydning forandres
fuldstændigt.

Giorgio Agamben

I E. Geulen, s. 7

Giorgio Agamben – en introduktion. 1995/2012

Hvad liv er

Hvad det betyder at være menneske

En tiltagende politisering af livet, hvor livet har sin pris, og at være fri som fuglen i 'det blotte liv', i et liv som undtagelsestilstand; som det menneskelige livs hellighed.

I det nøgne liv, som passioneret intelligens, som teksternes underskov i de fjerneste egne, hvor montageteknikkerne, tankepræstationerne, og tilbageerobringen af erfaringsbegrebet gør faktum og betydning til en praktisk enhed.

På fortolkningens forsvindingspunkt, som tankebillede, som ur-fænomen, gennem patosformler og affektenergier dyrkes antikkens efterliv via tærskler og zoner som betydningspotentialets dybde-dimensioner.

I en polemisk, meditativ nedsænkning opstår spørgsmålet om et menneskeligt liv som en progressiv universalpoesi, som en hypertrofisk pneuma-lære; i melankoliens erotiske dimension og med hjertets træghed.

Og man afprøver tankestier i et tomt rum mellem stemme og *logos*, søger en *éthos*, en *pólis* og en *oikia* via en uformåen som en selvstændig mulighedsskabende grund, som en inaktiv livsform; via mørke ambivalenser i ubegrundelighedens erfaringsrum tilegnes afmægtighedens magt.

Kun hvis det lykkes at tænke forladthedens væren
hinsides enhver idé om lov, kan vi træde ud af
suverænitetens paradoks og gå i retning af en
politik, der er befriet fra enhver fortryllelse.
(Agamben. Geulen, s. 73, 2012)

Homo Sacer udgør den oprindelige figur af det
tryllebundne liv og bevarer den oprindelige
udelukkelses hukommelse, med hvilken den
politiske dimension har konstitueret sig.
(Agamben. Geulen, s. 91, 2012)

Forvandlingen til vareulv svarer fuldstændigt til
undtagelsestilstanden, under hvis varighed (der
nødvendigvis er begrænset) bysamfundet opløses
og menneskene træder ind i en zone, hvor de ikke er
til at skelne fra vilddyr.
(Agamben, Homo Sacer. s. 129, 1995/2016)

Man skal snarere af den bio-politiske krop, af selve
det nøgne liv lave stedet, hvor en livsform, der er
helt omsat til nøgent liv, kan dannes og bosætte sig
– en *bios*, som kun er *zoé*.
(Agamben. Geulen, s. 103, 2012)

Handling (økonomiens, men også politikkens) savner
enhver begrundelse i væren: Dette er den skizofreni,
som *oikonomias* teologiske lære har efterladt den
vestlige kultur med.
(Agamben. Geulen, s. 144, 2012)

Indhold

Fortryllelse er i væsentlig grad magten til at
overlade noget til sig selv, det vil sige magten
til at opretholde relationen til én antageligvis
relationsløs person. Netop dette, som sættes
under fortryllelse, er overladt og på samme tid
udleveret til sin egen afsondrethed, som
forbander og forlader det; på samme tid
udelukket og indelukket; opsagt og samtidig
fastsat.

Agamben (i Geulen, s. 70. 2012)

Acedia

Den menneskelige gestiks forfald, et symptom
på voksende fremmedgørelse, en filologisk
fysiognomi, en detaljens tænkning iklædt
digteriske klangkroppe, som nørklerier og som
knokkelarbejde, i et puslespil af gåde-
manuskripter hvirvles sprogets liv og
skuldetrækkets *genese* rundt på ordenes
tærskler – som bølger, og genåbner grænserne
i dræbbarhedens tegn, i zoner af
uadskillelighed, som malstrømme i
regeringsparadigmers undtagelseslogik, en
landvinding; inkluderende eksklusion, sprogets
væsensnærhed, den suveræne fortryllelse.

Den lyse og klare aften. Den frit formet og
underholdende kærlighedssang. Som en
forelsket bejler synges disse sange til en elsket
læser: *Hellig. Ufuldendte serenader. Et
Agambensk nøgenbind.*

Det er helt Agambensk!

1. Ren potentialitet
2. Afmægtighed
3. Undtagelsestilstand
4. Magten til at skabe liv
5. Den nøgne væren

Ufuldendte serenader på vej

Immobil

Et Sloterdijksk sfærebind

Fremmed

Et Rosask resonansbind

Flugt

Et Deleuzesk rhizombind

Livsvilje

Et Nietzschesk kraftbind

Negativ

Et Adornosk fortryllelsesbind

Tidligere udgivet

Frifundet. *Et Kafkask procesbind*

Inderlig. *Et Kierkegaardsk eksistensbind*

Væsentlig. *Et Heideggersk værensbind*

Aura. *Et Benjaminsk passagebind*

I en verden uden håb er hvert øjeblik en
mulighed for kritisk omvending.

Agamben, "Ophold" s. 16, 2003

Gyldighed uden betydning

En erfaring, en experimentum, der har livets og den menneskelige intelligens' potentielle karakter som genstand; tænkningens livsform.

Mennesket som tilstandsform – *aphorismos* – et gådefuldt sted, hvor kun en rest deraf skal omvende sig, som den værdige død, som flugt fremad; som spejlskrift.

Den filosofiske bue, opdragelsens udførelse, og alle de tanatologiske engle-traktater; hele tryllebindelsen gaber som et stort tomt hul – som et udvandringens magtskuespil.

Uhyrlig anråbning; *det Uregerbare* slår gnister som en virtuel dræbbarhed, som et 'laden være' – som en hård nød at knække, som skyggeagtige forudanelser og menneskeskabelsesmaskiner.

Spredningseffekter; vendepunktet på det dybeste sted, at befinde sig i potentialitetens sfære, en anonym kraft, der giver plads.

Som spirituel forening, der befrugtes af det upersonlige geni, som giver eller skaber liv, som en samling skår, som en tøven før fødslen, umælende ved sprogets grænser, helt 'enestående udsigeligt';

"… at nærme sig en sproglig erfaring, der ikke blot hviler på en negativ grund i stilhed og fremmedgørelse." ("Ophold", s. 23)

Det poetiske ord blev præsenteret som det
sted, hvor bruddet mellem begær og dets
uopnåelige objekt blev helet, og hvor den
dødelige, 'heroiske' sygdom, gennem hvilken
kærlighed får det melankolske deliriums
saturnske maske, fejrer sin befrielse og
forædling.

Agamben, "Ophold" s. 20, 2003

Forsinkelsens tid – *kat' echon*

Helst singularitet, en radikal generøsitet, som
kommende, altid allerede faret vild, denne åbenhed,
utilgiveligt frastødende; bandlyst.

En tærskel forvandler vidnesbyrdets kartografi, som
en porøs dobbelthed; som at opholde sig i den
virtuelle interferens mellem lyden og meningen.

En tøven tilskynder en *homofoni*, strofens skød,
samklangens tilflugtssted, de metastrofiske indbrud;
uafgørlighedens katastrofer styrter brat sammen og
taber pusten.

Og falder ned i stilheden som en sammensnøret
husførelse, på spidsen af betydningstomheden; en
anden klang klinger her svævende i ekkoets rytme,
som nuets princip, i passagens mellemrum – som et
blankt forløb.

Åndedrættet forvaltes af naturens stemme, i en
krydsning, i en dødserfaring; forjættelsens gestus er
et selvannullerende intet, hvor alle de dekadente
diktater, de døde ord og tomme stemmer har en
betydende lyd, har en ren villen-sige, som; *at erfare
et fremmed ord i sig selv, som man ikke kender.*

Den sorte såning, ildens knitren, de konfuse
betydningssfærer, en sitren, en hylen, en råben, en
klingende skyggefuld profil; på sprogets lærred.

Vævens døde aura, med lidt trylleri og
katalyserende åbenhed, kan ridse op, aftegne, lade

være, holde åben; alle de præsentiske
udsigelsesmærker – at være i overskud.

Mørkets dråbe og den lille tavle, og det følsomme
voks, som en engels bogstav, "hvis betydning er
dig"; alle de uophørlige hændelser i afgrundens
vadsæk – er som at befinde sig i en tilstand af
suspension.

Det lysende skærs slaraffenland, ligeglad med at
ville noget som helst, et eksperiment uden sandhed;
"jeg er en anden", synker ned, vover sig derned, til
lykkens kilde, til pyramidens top – til det uendelige
rum; *restitutio in integrum*.

På alle de vulgære skilleveje gives der afkald på
kopien, og enhver psykologisk forklaring; *af-
skabelsen er den ubevægelige flyven* – brevets rejse
er som skrøbelighedens skam; ... *sprogets sandhed
består i at afsløre altings Intethed*. (Agamben i
"Ophold", s. 159)

Og klangbundens skikkelse i permanent nærhed til
oprindelsen, i berøvelsen, som disponibel; at stå til
rådighed som en skygge; ... *at komme ud af
æstetikkens og teknikkens sump og genindsætte
menneskets poetiske status på jorden i sin
oprindelige dimension*. (Agamben i "Ophold", s. 170)

De dunkle disciple, på tærsklen til lejrens indre tale,
er en lakune, en kerne, en passage – en anden lyd;

... dette splintrede og klinkede sprog – knapt
åndende; hensygnende baggrundsstøj, som en ledig
tekstmasse.

Spørgsmålet om kunstens skæbne berører her et område, hvor der sættes fundamentale spørgsmålstegn ved hele sfæren for den menneskelige *poiesis*, ved den produktive handlen i det hele taget. Denne pro-duktive gøren bestemmer i dag, i form af arbejde, overalt menneskets status på jorden, forstået ud fra praksis, det vil sige produktionen af det materielle liv; og det er netop, fordi den har sine rødder i den fremmedgjorte essens af denne *poiesis*, og fordi den erfarer 'den fornedrende deling af arbejdet i håndens og åndens arbejde', at Marx' måde at tænke menneskets forhold og historie bevarer al sin aktualitet. Hvad betyder så *poiesis*, poesi? Hvad vil det sige, at mennesket har en poetisk status på jorden, en pro-duktiv status?

Agamben. Ophold, s. 162

Privilegerede øjeblikke – *ho nyn kairos*

Udsathed; at være i live som vilkår, skrøbelighed og udelukkelse, som *en udpegning at et liv, der kan dræbes af enhver, men ikke ofres*.

Et forgæves liv, noget jaget over den levende; helle, stråleglans, en allernederste grænse, en kritisk krop – som en genåbning af tre slags liv – og det ædle, et naturligt liv, et politisk liv, et lystens liv; et kontemplativt liv; et forenet centrum, en skjult kerne.

Det genererende træffes i hellige skikkelser, i en uopløselig uskelnelighed, sat fri i en ruin; "det enkle livs 'smukke dag'", en fraktur, en 'naturlig sødme', livets sfære, livets hellighed – en katastrofe.

Undtagelsesrelationens lejr; dét, der viser sig ved siden af tilhørighedens udvækst, indfangning af livet som en væren i gæld, som en grænsefigur for livet – forladt, åben for alle, fri.

En fri zone, knudepunktets topologi spreder sig til potensens forfatning og autonome eksistens, som en egen konsistens, *vrider sig om sig selv for at give sig til sig selv*; abandonnering: "Jeg vil helst ikke".

Åben for ingenting gør os immobile som en krystalklar elimination, som sit eget indholds nulpunkt; 'åbenbaringens intet', den tomme potens, opløst i livet, opløst i skriften.

Med livet som indsats, som ubestemt suspension og omlagt tavshed, som tæt tænkt tekst;

’forladthedens tid’, som den ørkesløse slyngel,
uvirksom, uden den potens, der tømmer sig selv.

En forbrydelse, drabet på et frit menneske, at dræbe
det hellige menneske, en helligbrøde; at bandlyse,
udelukker ved at indoptage, forbandet besmittes
betydningsopløsningen.

Vanhelligelsens grænse-sfærer op-pløjer
betydningssfærens skumle grænser og bebor
ingenmandslandet, hvor den fredløse, vareulven,
banditten, hverken er menneske eller vilddyr.

En passagens bandlysning, den store stygge ulvs
overgangstærskel, og dermed overladt til sin egen
adskilthed, til eksilet, tilflugtsstedet, som
landflygtighedens løben uden binding; ’åben for alle,
med fri adgang’.

I de frie tøjlers værdighedstegn, som en lus på et
flugtpunkt, som en lutrende, intim symbiose i al sin
anonymitet, sker; ”det liv, som ikke fortjener at blive
levet”.

Livstilintetgørelsen, livet uden værdi, nådedøden,
sundhedsomsorgens uophørlige mobilisering,
smittefarens infame, afskyelige, umenneskelige,
skumle skygger; som en vågen koma.

Aflivelsens og genoplivningens dunkle zoner,
fluktueringernes undtagelsesrum, de mobile
grænser, hvor; ”… et liv kan dræbes, uden at der
begås mord” – den skjulte matrice vi lever i;

… belejringstilstanden.

Og den aktion er suveræn, der simpelthen
realiserer sig ved at fjerne sin egen potens til
ikke at være, ved at lade sig være, ved at give
sig til sig selv.

Agamben

*Homo Sacer. Den suveræne magt og det nøgne liv, s. 64,
1995/2016*

Tidsrytmikkens tærskel

Alt er muligt i en stabil virkeliggørelse af
undtagelsestilstanden, den mærkværdige vaghed, et
hav uden kyster, ventezonernes harmløse steder.

Det kasseredes stedløse lokalisering, afdriftens
periferier, livets indskrivning i splittelsens heftige
acceleration.

Den uudholdelige skandale og skygge, at tolerere
det funklende raseri, en tænkelig grænse,
forbavselsens og ontologiens gåde; *haplos* –
lidelsens yderste grænse, usikre og navnløse
territorier – en lystøkonomi.

De udstødte, en hvilken som helst-eksistens'
formørkelse, mulighedsvæsenets sløve masker;
"den ensommes eksil med sig selv" – en social
potentialitet.

Fredløse savner enhver beskyttelse, viet til døden,
væren-under-udvandring, i et gennemhullet
refugium, som besiddelsesløse, med en sidste,
krampagtig acceleration; *amfiboli.*

En utålelig skygge, at se lejren, som en rablende
indskrivelse af en gangarts sfære, som en magisk
isolation, som gestussens hjemland, denne gestiske
kraft; opvågningens element.

Det perverse intrigemageri, det blanke underlag …
som blinde vandrende langs en afgrund … en

anakoretisk manual med flagrante levninger, og at vågne af dette mareridt, i dette ruinlandskab; det er det sande livs geografi – som en gestus, som et liv.

Et ruinøst forfald: *"Og i dag er det muligt, at hele Jorden, forvandlet til ørken af menneskehedens blinde vilje, bliver et eneste ansigt"* (Agamben, s.90, 1996/2015)

Man forråder en sølle hemmeligheds amorfe bund; som det uskadte ansigt påtager man sig afgrunden, som en grimasse, der standser tavst bag sig selv – og går til tærsklen.

Og forvrider og udhuler den yderste begivenhed, som et tomt hylster, som tømt, desorienteret og uforklarlig tavshed, som et gement komplot, famler, fortryder, og tilsøles vi:

"Intet er mindre kvalmende end uforskammetheden hos dem, der har gjort pengene til deres eneste grund til at leve, når de med jævne mellemrum hiver den økonomiske krise op som trold af en æske, og så går de rige nøjsomt klædt for at indprente de fattige, at alle må bringe nødvendige ofre …

Enhver som har en smule klarsyn tilbage, ved ellers udmærket, at krisen er der hele tiden, at den er den indre motor i kapitalismens nuværende fase…"
(Agamben, s. 120, 1996/2015)

Vanærens forræderi, skjulestedets fælde, helt bankerot; falliterklæringer og undergang.

Princippet om livets hellige karakter er blevet så velkendt for os, at vi synes at glemme, at det antikke Grækenland, som vi skylder størsteparten af vore etisk-politiske begreber, ikke blot var ubekendt med et sådant princip, men heller ikke havde noget ord for at udtrykke hele kompleksiteten ved den semantiske sfære, som vi gengiver med et enkelt ord: "liv".

Agamben

Homo Sacer. Den suveræne magt og det nøgne liv, s. 84, 1995/2016

Bliven-ugyldig – *kartagein*

Begæret, den erotiske anamnese, elskværdig og uberørt, særtilfældets tilbagekaldelse; lige dér hvor indskrænkningen spreder sine særlige erstatninger inden for fortabelsens økonomi.

Agio vikarierer her, og maner til en væren herre over sin egen væren, som en stumt tryglende lille skrivetavle som skal skrive (om) sin egen passivitet; men "foretrækker at lade være".

Renovatio – alle de spadsereture som uopretteligt plaskende artigt i det saftige græs, i den henrykkende egn, at være sådan, absolut forladt; *dissymmetrisk.*

Synkronisk profetiske menneskeskikkelser, auraens forfald, alle de spektakulære ryk, blot en lille smule anderledes, blot en lille skælven i randen; blot en optrævling.

Som en umærkelig sitren, som en lille flytning, med mange udpinte bøjninger: *"I småborgerskabet samles og udstilles de forskelle, der har betegnet verdenshistoriens tragikomedie, i hele deres spøgelsesagtige tomhed."* (Agamben, Det kommende fællesskab, s.86, 2001/2021)

Uvideregivelighedens opgrænsning, berøringspunktets *thyrathen – aporetiske euporier*; de anaforiske bevægelser, anonyme, homonyme, synonyme, udgør den udtømmende tidsalders vilkårlige hykleri, og beror på en uoprettelig sikkerhed og en uoprettelig fortvivlelse; som et absolut *sådan* – helt og aldeles udstillet: *"At eksistere indebærer at kvalificere sig, at underkaste sig kvalerne med at være sådan."* (Agamben, Det kommende fællesskab, s.135, 2001/2021)

Opstandsmåden indsvøber utilhyllethedens laden *som* komme til orde, som den frelste grænse; som splintningens para-glorie – *den eneste passage ud af verden.*

Stødets svæven som en slags finte, opløser eller redder det hele; lediggangens spræl, feriens tvist i vibrerende sløjfebevægelser – at hvile i sin modtagelighed for antropogenesens imperativ; den anderledes økonomi, "det åbne sår, som mit liv er", som massiv passiv, som et hovedløst liv, med en række spejle, med mangel på *dignitas* – "vores kamæleon".

Et øjebliksvæsen i verdens gåder får dem stoppet, med et gigantisk partitur på de "spadsereture i ukendte verdener"; som betydningsbærere i vitale rum, i ventetidens kedsomhed, fortumlet, sløvet, afhæmmet.

Indfanget i konkav form, frataget, forhindret; omvæltningens "intetsteds uden nej", som en væsensrystende undværelse, i og med spændte fibre, som ekstrem nærhed; helt forladt i tomheden.

Det, der i den kollektive underbevidsthed
skulle forblive et hybridt monster mellem
menneske og vilddyr, splittet mellem skov og
by, vareulven, er således oprindeligt en
gestaltning af den, der er blevet bandlyst fra
fællesskabet.

Agamben

*Homo Sacer. Den suveræne magt og det nøgne liv, s. 126,
1995/2016*

Nulpunktet: håbløs venten

Tidsfordrivet svigter, udleveret, udsat, efterladt på
brakmarken, et opkald fra den, som ser ud i det
åbne, som råder i hjertet af *aletheia* – et dyr, der har
lært at kede sig.

Vågnet fra sin egen fortumlethed tilsløres
trængslens uåbnelige overgivelse; det stridbare
væenssted søger famlende overalt efter en stadig
tildragelse – en fri og tom zone, en bandlyst
undtagelseszone.

Konspirerende stumhed, beruselsens beherskelse,
intervallet gået i stå, erotisk forbundne i krystallinsk
klarhed, med et splintret otium; helt igennem
uvirksom – som en frelsesløs skikkelse.

Den store klynge, ved åndens grænse, at tilgive;
hiatus.

En af de væsentlige karaktertræk ved den moderne biopolitik (der rasede frem i det 20. århundrede) består i nødvendigheden af hele tiden at gendefinere den tærskel i livet, som artikulerer og adskiller det, der er indenfor, fra det, der er udenfor.

Agamben

Homo Sacer. Den suveræne magt og det nøgne liv, s. 154, 1995/2016

Helliggørelse; at bryde døsigheden

Tænkningens poetiske moment, 'regeringen af mennesker', et fuldstændigt heterogent hele, som en slags dannelse med strategisk funktion; operative begreber som administrerer sit hus, sit liv og den økonomi, som er befrielsens og frelsens verden.

En regeringsaktivitet, der disponerer over mennesket i alle dets praksisser, i et ubestemmelighedspunkt, i et lykkeligt øjeblik, som kan lede til det gode, som en grænseløs opblomstring; maskeradens spredning.

En gigantisk ophobning, en daglig nærkamp; afhæmningscirklens 'menneskeliggørelsesproces', menneskenes frie brug i en adskilt sfære, hvor regeringsmaskinen formørker.

Et enormt fængsel i uophørlig tomgang styrer mod katastrofen; "må fastholde blikket og se vilddyrs-århundrede i øjnene", i livets tid med brud og blod dyppes *pennen i nutidens bælgmørke*, og skyggen opfattes som samtidighedens mulm.

Epokernes lys, med deres inderste mørke, midt i brudpunktet, det synlige lys besvarer nuets skygge: *"At være samtidig betyder at vende tilbage til en nutid, som vi aldrig har været i."* (Agamben, Hvad er et dispositiv?, s. 36, 2006/2012)

'Åh venner, der er ingen venner', 'den som har (mange) venner, har ingen ven', fornærmelserne i den overdrevne nærhed, på respektens sokkel, gennemsyret af en intensitet; som et medium = en handling mellem passiv og aktiv – venskabet er livet.

Paradigmet, signaturen, arkæologien; at være ved siden af sig selv i det ømme punkt med den særlige tidsstruktur uden løsning, forsigtighedens tankeværk.

"Kun en tænkning, som ikke lægger skjul på, hvad der er usagt ved den selv, men uophørligt tager det usagte op og udvikler det, kan muligvis gøre krav på originalitet." (Agamben, Signatura rerum, s. 20, 2008/2016)

En 'disciplinær matriks' element, en arkitektonisk panoptisme, et diagram for en magtmekanisme med en afgørende strategisk funktion markerer eksemplarisk et kraftfelts bevægelse mod det tredje; en uskelnelig vektorial intensitet, som i et magnetfelt.

Beviskraftens livsmåde, som en fromhedens vævning genereres den grammatiske praksis; "jeg lægger til grund", ophæves i trylleformularer, i en samling tavler, der, som et 'billedatlas', fejlagtigt udfører den 'patosformel', hvor ethvert billede udgør en *arkæ*.

Paradigmatologi.

Ubetegnet, signaturernes skrin; en helbredende
magt, hvis hieroglyffer præger og genoptager; *"den
afgørende operator i enhver erkendelse, det som gør
verden forståelig, men som i sig selv er stumt og
uden grund."* (Agamben, Signatura rerum, s. 64,
2008/2016)

Tier stille, vækker åbenbaringsforløbet, en oplivende
inderligheds aktive element, som et tegn, som 'en
sakral semiologi', som en sjælelig uformåen i
nulpunktet; uudsletteligt uden betydning.

Hvor magiske indflydelser udviskes, med magi for
øje, med magiske formål, med trolddomens kætteri
indsniger der sig en kraft; den farefulde operation
med 'løsrevne *dynamogrammer*', som i en signeret
verden.

Og hvor den grafiske situering, med 'en dobbelt
betyden', med udsagnets heterogenitet, bliver en
funktor for virkelighed; bliver en eksistensfunktion,
som krydser et felt:

*"Udsagnene er de signaturer, som tegnene får ved
at eksistere og ved at blive brugt, den uudslettelige
karakter, som markerer dem i deres betegnen noget,
og som leder og bestemmer deres tolkning og
virkning i en given kontekst."* (Agamben, Signatura
rerum, s. 90, 2008/2016)

Med 'værens passioner', som enhedens signatur –
on haplous = arcisignator – bliver alt inderligt

aporetisk, ligesom den lette ridse i overfladen, som
"… en bestemt erkendeligheds nu…" (Benjamin),
netop som fragmentets indicium.

Efemer.

Den kairologiske konstellation; 'at vise med ordet',
udgør en kraft, der forpligter som strategisk
signaturpraksis, med *frie eller flydende betegnelser,
som i sig selv er tomme for mening.*

Og når nulpunktets uophørlige uudslettelighed, hvor
sporet suspenderes af dens overskud, og kommer i
arkivet som en mørk og betydningsløs margin,
gælder det om;

*"… at opretholde begivenhederne i den spredning,
der er særegen for dem, at opholde sig ved de små
afvigelser og fejl, som ledsager dem og bestemmer
deres mening. det betyder med ét ord i hver
begivenhed at søge den signatur, som kvalificerer og
specificerer den, og i enhver signatur den
begivenhed og det tegn, som bærer og betinger
den."* (Agamben, Signatura rerum, s. 107,
2008/2016)

Ruinologiens rettesnore opholder sig ved det
besværlige og det tilfældige ved begyndelsen,
besværger, fremkalder og fordriver frynser fra et
uensartet lag, niveauet for dets fremkomst, det er
den 'magiske eksperimenteren', som 'minder om
nutiden'; *apokatastasen.*

Som et regressivt begær, med lystprincippets
strategi, på sporet af genoprettelsen af det tabte,
(gen)gøres livet herved muligt som en
genindvindende terapi; i punkternes regression med
ryggen til endemålet, hvor blikke mødes;

*"… er der intet andet end den uventede, blændende
åbning til fremkomsten, afsløringen af nutiden som
det, vi hverken var i stand til at leve i eller tænke."*
(Agamben, Signatura rerum, s. 132-133, 2008/2016)

Traumet, glemslen, mindet; det tålmodige arbejde
på brudlinjen er elusiv:

*"Den arkæologiske regression går ikke efter at
genoprette en forudgående tilstand, men efter at
opløse den, at omplacere den … hvor opdelingen
trækker sig tilbage og indstifter de forskellige
betydningsindhold som oprindelse. … Den vil lade
fortiden fare, gøre sig fri af den, for at få adgang til
et forud for eller hinsides den, til det, som aldrig har
været, til det, som aldrig har været villet."*
(Agamben, Signatura rerum, s. 136, 2008/2016)

Kilden, restaureringen; *den eneste indgangsvej til
nutiden*, er at vove sig ud i sin egen
'uvirkeliggørelse', ved daggryets ubrydelige kerne af
nat opnås et fremkomstpunkt, som er frigørelsens
moment, med en regressiv kraft, som er frelsens
signatur og forløsningens værk; via den generative
grammatik, som gør væren til et (gen)tænkende
spændingsfelt.

Det er det, der altid allerede er der, og som
ikke desto mindre skal realisere sig selv; det er
den rene kilde for enhver identitet, men må
hele tiden definere sig selv på ny og rense sig
gennem udelukkelse, sprog, blod, territorium.
Eller modsat bliver folket det, som ud fra sit
væsen kommer til at mangle sig selv, og hvis
virkeliggørelse med andre ord bliver
sammenfaldende med dets egen ophævelse.

Agamben

*Homo Sacer. Den suveræne magt og det nøgne liv, s. 207,
1995/2016*

Tilbedelse og frygt

Kénosis & pléroma; tomhed og fylde; sproget gælder
livet, eden er ordet, forbandelsen sværger – *horkos*
– den hellige substans forener, bevarer, bekræfter,
garanterer, stabiliserer, understøtter; pagtens
forpligtelse, erklæringen.

At sværge, evnen til at garantere og bekræfte,
krænkelsen, løgnen – *mana* – tærsklen til det
ubestemte, en indre grænse; "jeg sværger ved mig
selv", troværdighed og tillid – pirater, forhekselse og
sværgeformularer, overgivelse og beskyttelse;

"… eden udgør den tærskel, sproget skal over for at
nå frem til ret og *religio*." (Agamben, Sprogets
sakramente, s. 53, 2008/2012)

Helliget vier forbandelsen, velsignelsen, dårlige
varsler; 'at bryde vor edspagt', knuses, bevidnelse,
vidnesbyrdets betydning, seglets bånd:

"Båndet, der binder den talende til ordene, der siges
og dermed samtidig ordene til virkeligheden." (s. 60;
2008/2012)

En numinøs magt fremmaner indvielsens
påkaldelsesevne, en brist som at bande –
bandeordet – som er blasfemiens krænkelsesed,
som er at krænke det hellige – ("jeg taler i vildelse,
på må og få").

Den fornærmende mening, som i en satanisk mumlen – *epiorkos* – i sprogets fødselsøjeblik, fuld af beundring eller frygt; forfængelighedens flod – *horkizo* – og påkaldelsens nøgne væsen, som i et levende væv, som i en slags svimmelhed, som i et ubestemmeligt hav, hvor: "Jeg sværger", vished.

Brokkernes forglemmelse, forsøget på at hele brud med et halmstrå, indikerer ordets kraft til at virkeliggøre, hvad der bliver sagt:

"Den aura af noget helligt, som i vores kultur omgiver pengene, har efter al sandsynlighed sin oprindelse i denne indvielse af en pengesum til erstatning for et levende væsen; som sacramentum er pengene i sandhed lige så meget værd som livet." (Agamben, Sprogets sakramente, s. 96-97, 2008/2012)

Sejlivet *ethos*, skrupuløs og obsessiv omsorg, en slækkelse af prestige – *trods alt ikke smukkere end fuglenes sang* – et hulrum.

En *nabi* genopretter filosofiens hospital, som en kritisk profeti i livets inderste mørke, på himmelens mulm; i sugets skygge, som vildfarelsens brændemærke, som anklagens moment, med skænderiets fiduser, forlist, frastødende, farlig – tortur.

Forhørslokalets piskning: "At vride indtil det knækker", bødlen, henrettelsen, at ligge udstrakt på

en sten under himlens hængsel, at strejfe rundt, et
angreb fra en usynlig dør; en nådesløs diagnose som
et uanstændigt kadaver.

Den vaklende visken indhyllet i skygge, som
stammende drypper i omsvøbets lysstrejf, og hvor
skumringens flygtninge løfter livet; genfærdslivet –
impotent.

*"Ideen om, at hvem som helst uden forskel kan gøre,
eller være hvad og hvem som helst; mistanken om,
at ikke alene kunne lægen, der i dag undersøger
mig, være en videokunstner i morgen, men at til og
med bødlen, som henretter mig, i virkeligheden
allerede er sanger, ligesom i Kafkas Processen. De er
ikke andet end det spejlbillede af den viden, at alle
simpelthen er i færd med at begræde en sådan
fleksibilitet, som i dag er den højeste kvalitet, som
markedet kræver af enhver."* (Agamben, Nøgenhed,
s. 52, 2009/2012)

Fremmedgørelsens begær, kampen om en maske,
de tyste dialoger, blikkets raskhed, vaneforbryderen
i det daglige liv, fortabt i den anonyme masse:

*"Og alligevel – hvis mennesket er det, som uendeligt
overlever det menneskelige, hvis der altid findes
menneskehed hinsides det umenneskelige – så må
en etik være mulig også på den yderste, post-
historiske tærskel, på hvilken den vesterlandske
menneskehed synes at være strandet – på samme*

tid munter og rædselsslagen." (Agamben,
Nøgenhed, s. 61, 2009/2012)

Asketisk frigørelse, mangedobling af maskerne,
uforskammet fornøjelse, anerkendt af en maskine;
den virtuelle intimitet *garanterer, at jeg lever. Jeg er
ikke glemt* – og det levendes genkomst i det klareste
øjeblik, åbningen af øjnene, blotlæggelsens og
nådens nøgenhed, den ukontrollérbare lapsus, og
viljens nik til forplantningens paradoksale
ødelæggelse; alt sammen en slags apokryf limbo.

Kastrationspraktiske afstøbninger afklædes, svulmer
og skælver som en dirren i et uroligt hav, som en
sløret angstpære, i optrævlet svøb;
svaghedspunktets ukontrollérbare rødmen – en
defekt.

Kyssets kontemplation: *Katapausis*.

Hvilens festlighed, en rensende ceremoni, en
katarsisk fordring; at gøre det af med noget,
udslette noget, frisat og suspenderet fra sin
'økonomi' (dét intet at gøre) – fortrængningens
dans: *"Kunsten at leve er i denne betydning evnen til
at stå i et harmonisk forhold til det, som undslipper
os."* (Agamben, Nøgenhed, s. 126, 2009/2012)

Magten opererer med det bandlyste menneske,
med bandittens liv, med det nøgne liv; som
undtagelsestilstandens signatur, som påklædt
herlighed; som englelæren.

Kun hvis jeg ikke altid allerede og udelukkende
er i virkelighed, men derimod er i en mulighed
og en potentialitet, kun hvis det i det liv, jeg
lever og har en forståelse af, til hver en tid
handler om selve det at leve og at forstå – hvis
der altså i den forstand er en tanke med det –
kan en livsform i sin fakticitet og sin tingslighed
blive til en *livs-form*, i hvilken det aldrig er
muligt at isolere sådan noget som en livsform.

Agamben

Midler uden mål. Noter til politikken, s. 30, 1996/2015

Tabuets ambivalens – refugium

Horologia; ensomhedens prøvelser, et reguleret liv –
som gøglernes regeringsontologi.

Incipit; åndelig opbyggelse, at transskribere livsstilen
– *hypomneumata* – til parodiens tåbelighed.

En pudsig *synaxis*; en verdensflugtens eremitiske
model, som trøstesløs terror – som frydens *syzén*.

Et vagabonderende anarki – *habitatio* – som en
indre væremåde med lille hætte og korte ærmer,
seler, kappe og stok – samt sandaler og læderbælte.

Iklædt *neofyttens* dyreskind, med en stafettens og
bønnens rytme, som klokkeslættets vogter –
afypnistes – i – *narthexet*; hvor der bedes i stilhed.

Den uophørlige bøn, når udholdenhedens
mobilisering krydser meditationspraksissen som
status vitae, som en antifoni, hvor magisteren (den,
der taler i teksten) foreskriver retningslinjer til *tria
substantialia*:

1. Lydighed
2. Kyskhed
3. Ydmyghed

Løftets løfte om livet – *devotio* – gives til tjeneste,
og som puster liv til *fuga saeculi* – eksilet; *phygé* –
hiléos – hele fromhedens anomali; at ty til *meditatio*

som ubrudt læsning (*lectio continua*) –
mystagogiens anamnese – *hagiazein*:

"Ligesom meditatio potentielt gør lectio'en til en uafbrudt handling, således bliver enhver munkens gestus, den mest ydmyge manuelle handling, til et åndeligt værk, og opnår den liturgiske status af et opus Dei." (Agamben, Den højeste fattigdom. Klosterregler og livsform, s. 135, 2011/2016)

En levendegørende pilgrim som tjener og virker i værket som et intensitetsfelt, der løsner livet og strammer de "religiøse bevægelser"; alle de kætterske sekter, ydmyggjorte – *novum vitae genus* – som en særlig livsstil, muntert angrende efter et asketisk kodeks.

Conversatio – som livets udsøgthed, ikke at bære sko som afsværgelsens intime centrum; den energiske forveksling af viljen til at erhverve og til at besidde i et juridisk tomrum, bare at drikke og spise som fattig brug.

Destitution, undergravende gemmer skimtes flygtigt, som i en mørk melankoli, som i intimsfærens splittelse; *ktesis kai chresis sophias* (Aristoteles i Agamben, Brugen af kroppene, s. 26, 2014/2019) – som et besjælet udstyr der bærer livets nødvendigheder, en dyd for ernæringen.

Impulsernes orakel-verber benytter *media tantum* som *chresthai, som den berøring man får, når man*

kommer i forbindelse med en bestemt væren.
(Agamben, Brugen af kroppene, s. 59, 2014/2019)

Når man "opretter sig selv som besøgende", som en
aktiv diatese, som en genopdukken, som en
dialektisk omvending, som en omgang med brugens
sfære, erfares angstens uanvendelighed som
fortabelsens forløsning og fortrolighedens nåde med
sig selv.

Berørt som sådan – *hoios* – i det ærkemodale
verbum, i den forlorne tilstand, i egnethedens
konstitutive knudepunkt, knækkes tilfredshedens
passive skabelse; berørthed, aldeles tilpas, tålmodig
væren-i-værk.

Tjenelighedens forladelighed, en dristig omvending
ved at overføre nåden som en dispositiv operation,
som en frelseøkonomisk tranformation besjæles
tjenerens profeti for maskineriet; en ny og uhørt
form for slaveri.

Den utilegnelige kropsbrug,
tilstedeværelsesfornemmelsens empati flyttes over i
en andens livserfaring som en originær glæde, som
hypnose, magnetisme og indfølende suggestion,
som en skam, trang og kvalmende nøgenhed; naglet
i udbruddet, som en snæver cirkel, der kvæler.

Den poetiske gestus, at låne sin stemme, at bo med
sig selv, den sværeste scenografi; fortumlet visdom,
eksistenskunst, som sjæleroens undersåtgørelse.

At spadsere sig som herre over sig selv, som en
gnoseologisk zone, som en *hodologi* med
sigtelsernes dobbelte maskineri kundgøres
sprogbrugens skygge; der gendanner en udpegende
forbløffelse.

I et sådant værkkompleks' vendinger, som en skitse,
sønderbrydes – "takket være hvad?" –
kronogenetikken – "at naturen er på vej til sig selv";
den uopløselige hypostase, aflejringens rest; "bliv
hvad du er" – eksistensens mod(e)ord.

Aflejringer i stedet for væsener tenderer mod en
væskes faste bundfald, stivner, ernærer en sigelig
tilstedeværelse, som en spidsfindig – *mikrologia* –
flugtproces; vender tilbage til (*epistrophé*), har nær
sig – i en deltagende udstråling.

Afgrundens "protofader", *hele gnoseologien* som en
personlig skikkelse, opnår *klimax* ved at få berøring
med den singulære eksistens; som udspændte
kræfter, som "indfanget udenfor", som en
opgivelsens maskepi, som modal ontologi.

Et substantielt bånd i uafbrudte drømme – *vinculum*
– er som et *miroir vivant*, som *monadernes* ekko,
som en oprindelig akustik, hvis løb selv løber via
modale differenser mod den intime *ultima realitas*.

Herhedens tantum og *aptitudo* fordrer krummernes
skorper i nedstyrtningens fraktur; knækker

euporiernes ens debolissimum – existurientia – som (en) kategorisk rod.

Conor, plegé og *tonos – ductus*; små modale svingninger, hvis veltilpashed og flydende rytme, pulserer som en værensmusik, som en hvirvlende malstrøm.

Når indløsningsområdet ramler ind i *sit-hedens* dialektiske trickspil, når et livsvæsen fortumlet og bedøvet erfarer "den sorte sol, der stråler i det åbne" (jf. *beredskabet til en unddragelse som gave*), forskrækkes en tilintetgørelsesvilje, hvis fjernhedens væsen er et anonymt og trykkende nærvær.

At være overladt, holdt (ud) til at være, som en tyngdekarakterens "bliven båret"; når denne vægtløse bevægelighed i sin ro og trusselsløshed samt forfaldstilbøjelighed – helt para-eksistentielt – selvstændiggøres (*autarchico*), (er)næres livet (*threptikon*) som en spektral hjertebankende tomgang.

Det potentielle liv – *multitudo – vita mia –* i ømhedens kontemplation gennemtrænger et lysere liv (*enargestera*); bio-ontologi: "Livet er en form, der genereres mens man lever." (Agamben, s. 324-344, 2014/2019)

Vitalitetens mani og udløsningsmåde er en diæt, som *ligger og venter på lur bag livets vejsving,* en patografisk registrant, hvis mønsterdannende faktum og funktion former et flakkende og elliptisk virvar, hvor det privates idioti fjerner smagen og frikender karakteren, således at *hvordan jeg er hvad jeg er* bliver til en evig flugt, til et levende spejl, til en kollektiv nervøsitet, til en asketisk ontologi.

Flygte alene mod sig selv (*phygé*) gennem lethedens dragende eksil (*omilesai*), som arkæologisk regression, forvandles og falder samtidigt, som anbragt i en flakken (*banausos*), en ren budbringer (*katharas angelon*), hvis hvirvlende (*sphondylos*), udhulende og uafvendelige (*ametastropha*) *tanafori* – som når man drak, glemte man alt – som; "skylden har den, der vælger" – gør glemslens ørken uden liv til en kosmisk maskine.

Vanerne (*synetheia*), eksemplerne (*paradeigmata*) og de latterlige karakterer (*geloian ethopoiesai*) er en *mimesis biou*, en ironisk frelse i midten, som en *mesos bios*, der "snitter ethvert liv i midten"; som et eksemplarisk liv, som løsgjorte natteråd.

Sjælen er livets midte; *ex-ceptio*, en dødbringende maskine – en destituerende potens: *"I dag er det grundlæggende ontologisk-politiske problem ikke værket, men uvirksomheden, ikke en forpustet og uophørlig opsøgning af en ny virksomhed, men derimod udstillingen af den uophørlige tomhed, som den vestlige kulturs maskine opretholder i sit centrum."* (Agamben, Brugen af kroppene, s. 390, 2014/2019)

Tanken er livs-form, liv uløseligt knyttet til sin
form, og overalt, hvor dette uadskillelige livs
intimitet viser sig, materielt som i de kropslige
processer, i de almindelige måder at leve på,
ikke mindre end i teorien, dér og kun dér er der
tænkning.

Agamben

Midler uden mål. Noter til politikken, s. 32, 1996/2015

Lejren; et rum hvor alt er muligt

Global borgerkrig, at maksimere kaos, revolution, civil strid, en tilbagevendende cyklus; udviklingsevnens indre krig, glæden ved en familiefest, rodfæstet.

Det politiske broderskab, den naturlige familie, det perfekte fællesskab, det blot at leve, godt; *"at rejse sig, at stå fast på fødderne – det punkt i tragedien, hvor koret står stille og taler"*. (Agamben, Stasis, s. 30, 2015/2022)

En tærskel, en zone af ubestemmelighed, et livsindhold, en ven og fjende, amnestiens uforglemmelighed; et kraftfelt i det øjeblik, hvor livet, "værkets idé", som et "esoterisk slør", hvor tæppet løftes, hvor magtens skjulte centrum, som et optisk dispositiv, som en subtil filosofi, udspalter sig en "mængde".

Opløst; "fri til at beskytte sig selv", magikerens rolle, en hjerteløs dæmon, hobens formløse masse, et eskatologisk drama, fortabelsens hemmelighed og lammelse.

Den mest tyste nærmen sig en katastrofisk begivenhed, en undergangens slagtning, med farlige væsener på en pacificeret klode:

"Tanken om, at Gud leger med os, kan lige så vel løfte os op i en optimistisk teodicé, som den kan

skubbe os ned i afgrunden af fortvivlet ironi eller bundløs agnosticisme." (Agamben, Stasis, s. 136, 2015/2022)

Morskabens gæstfrihed, at gå hånd i hånd i hegemoni-krisen, en skandale og optisk illusion, som tømt komik; en afsked og suspendering.

Implikationernes snublestene, fordøjelsens betydningsdimensioner, at forsvinde i de ting, der benævnes, som svækkede former for kognitive potentialer; når nedslidningen sprudler; "det, som er i stemmen", de stumme lyde – bogstavliggørelse.

Lydlige fletværk, stemmeløse, umedgørlige, bortskaffet, uerfarbare ledsagere, uskrivelige mindehøjtideligheder; det hænder at "placere sig resolut i kløften".

Det uforglemmelige, eksistensgørende princip som giver plads, "som var vi bedøvede" (*con una anestesia*) – *silva* – "et spor af det formløse"; de intime potensers salighed.

Når livets dødssøvn griber sprogets skygge, frembringer det ufremkommelige (*dicibile*) det sigeliges sfære, og gnider møjsommeligt i den samme cirkel, såsom netop; den anaforiske bevægelse i:

"… punktet, hvor sprogets benævnelseskraft må standse op – umuligheden for navnet af at benævne sig selv, fordi det lader rosen selv komme til syne,

når det benævner, den rent sigelige rose.”
(Agamben, Hvad er filosofi?, s. 92, 2016/2023)

Det moment i ordets væsen, det pludselige
sammenstød, en ”øjebliksgud”, *en sprække i sjælen,
et lys, der springer fra en gnist*; en betydningsstyrke,
”ikke i et rum”, en utilblevet anden mærkbar
aftryksbærer, en æltet masse.

Som var vi bedøvede i dét, der bliver tilbage, når
man fjerner noget i punktets betydningskvantum;
som omflakkende passager gør det betegnelige
kompleks en ”næstenværen” ”uden fædreland” til
patafysikkens katalogi.

Proømiet

*”Et udsagns filosofiske element er det, der vidner om
… den beslutsomme intention at holde sig til den
nødvendigvis proømiale og forberedende karakter af
det, der siges. … Filosofien er grundlæggende et
proømium … alt hvad en filosof skriver er ikke andet
end et proømium. … Den filosofiske skrift kan alene
være af proømial og epilogisk natur.”* (Agamben,
Hvad er filosofi?, s. 136-138, 2016/2023)

Sit levested i den primære åbning; bedrøvet og
afdæmpet, ligevægtig og rolig, entusiastisk,
proemisk; en erotisk mani og filosofisk gestus i en
art blank mission, der kører i tomgang i en fælles
tomhed.

Ud fra dette perspektiv udgør vor tid ikke
andet end et ubønhørligt og metodisk forsøg
på at bygge bro over den splittelse, som deler
folket, ved radikalt at eliminere de
udelukkedes folk. Det er dette forsøg, der ud
fra forskellige modaliteter og horisonter har
ført højre og venstre sammen, kapitalistiske
lande og socialistiske lande, forenede i det
projekt – forgæves på sigt, men delvis
realiseret i alle industrialiserede lande – at
frembringe et folk, der er ét og udelt. Det
tvangstankemæssige ved udviklingen er så
effektivt for vor tid, fordi det er
sammenfaldende med det biopolitiske projekt
om at frembringe et folk uden brud.

Agamben

*Homo Sacer. Den suveræne magt og det nøgne liv, s. 208,
1995/2016*